JN439892

목이 긴 행운목

이경숙 시집

불교문예

■ 시인의 말

바람에 길을 묻고
햇살이 손짓하는,

꿈을 좇아서
한 걸음 한 걸음

천천히, 천천히

2020년 6월
이경숙

차례

제2부 그늘의 조합

제3부 손바닥 경전

제4부 논픽션 르포

제1부

슬픔과의 동거

폐역 영상

나는 씹다 버린 껌이요
연극이 끝난 후 텅 빈 객석이요
떠나간 연인을 기다리지 않아도 되는
잊혀진 여인이다

있어도 없는 듯이,

팔다리가 잘려나가고 몸뚱이만
휑하니 남아 있는 전시실
박제된 추억이 전시되고 있다

나아갈 수도 뒤로 물러설 수도 없는 엉거주춤 상태

묻지 못할 말을 바람에 손짓하고
듣지 못한 말을 햇살에 기별한다
시간은 바람벽에 정지되어 있고
그림자는 움직이지 않는다

꿈에서 깨어나도 다시 꿈을 꾸는,
연착된 기차가 플랫폼에 걸려있는
그런 날들,

봄날은 간다

슬픔과의 동거

상가喪家에서 묻어온 슬픔이 방문까지
따라왔어요
음지와 양지를 오갔던
고단한 추억을 더듬으면서
똬리를 틀고 구석에 웅크리고 있어요
움직이는 동선 뒤를 따라 다녀요
얼마쯤 함께 살기로 했어요

비애를 느낀다는 건 그리 나쁘지 않죠

어젯밤 비가 억수처럼 내렸어요
아침 햇살이 창문 틈을 비집고 들어오네요
차이콥스키 피아노 협주곡 1번을
들으며 차를 마셔요
어젯밤 슬픔 따위는 안중에도 없어요
커튼을 들치니 햇살이 확 비추잖아요
그 심한 빛줄기에도 살아남은

방울토마토 허리가 잠시 틀어져 있어요
지지대로 받쳐주었지요

햇살에 취해있는 동안 슬픔이 나가버렸어요
미안해요
다음에 또 와요, 밀어내지 않을 테니

찔레꽃 연가

오래된 상처도 세월 가면 스스로 새살이 돋나

그가 먼 길 찾아와 내 손을 잡는다면
내 가슴을 안아준다면,

없는 그를 침묵으로 바라본다
말 없는 속울음으로
짐작조차 못 하는
숫되고 서툰 어린 마음 한구석

너를 떠나보내고

오랜 세월 대궁 속 가시가 내 몸을 찔러
늑골이 아파
숨 쉴 수 없이
통증이 인다

보이지 않아도 보이는
말하고 있어도 말이 죽은,
개밥바라기별로 와 누렁이와 함께하던

숱한 내 안의 너

목이 긴 행운목

나무 기둥에서 뿌리내리면
쉼 없이 발길질하면서
싹을 틔워내지

튼실한 뿌리는 꽃도 피워낸다지

식솔을 끌고 금산으로 이주한
어미는 뭉치지 못한
모래무덤처럼 파도에 휩쓸려 갔지
허공에 허우적거리다 또 절룩거리고,

이빨을 들이대고 솟아오르는
물기둥을 의지하며
하루도 쉬는 날 없이 발돋움했지

잎들은 그늘을 만들고
칠년 만에 행운꽃을 피워냈지

벌과 나비를 불러들이며 향기도 뿜어냈지

먼 곳에서 번져온 인삼향이 행운 꽃 속에 녹아들어
옛집에는 벌 나비가 바글 바글거렸지

가족 모두 목을 길게 내밀고 함박웃음을 지었지

바이올린

여러 목소리가 들려도 그의 목소리를
찾아내는 일은 어렵지 않았어
나는 시선을 애써 피하려고
벽만 바라보았지
블라우스 앞섶은 바르르 떨리고
손가락 파동으로 자꾸 음이 이탈했어

그가
바이올린을 켜는 솜씨는 아마추어를 뛰어넘었어
사랑의 기쁨, 사랑의 슬픔을 연주하면
선율은 내 몸을 부드럽게 안아주고
꿈속인 듯 아늑한 기분으로 빠져들게 했지
순간이 영원으로,

딱 삼개월간이었어
우린 리듬의 줄타기를 한 거야
바람 타고 출렁거렸지

팽팽하게 당기기도 하고
다리엔 쥐가 나서 날지 못할 정도로 굳는가 하면
휘파람이 새파란 하늘을 건드리기도 했지

내가 지상에 내려왔을 때
후배의 스커트 자락에서 미세하게 떨리는
파장을 보았지

바이올린의 현은 끊어졌고
몇 번 붙이려고 노력은 했지만,

내 심장에 박힌 피멍은
그날을 잊는데 오랜 공을 들였지
교향악단의 바이올린 자리는 아직도
허공이야

가면무도회

천장에는 부서진 별들이 반짝인다

홀 안에 별별 별이 모여있다 가면을 쓴 사람들이 술잔을 부딪치자
악단이 '무도회의 권유'를 연주한다
묵직한 첼로의 선율이 울린다
사자가 옆에 있는 흰 고양이에게 정중하게 허리를 굽히며 춤을 청한다
고양이가 한 발짝 물러서며 고음의 클라리넷 음색으로 춤을 거절하는데
사자는 다시 한번 손을 내밀고 고양이는 그 손을 다잡고
중앙 홀로 나간다

너구리, 호랑이들이 춤을 춘다
천천히 연주하던 선율은 경쾌하게 바뀌고
가면들은 흥겨운 몸짓으로 바닥을 훑는다

얼굴 뒤에 감추어진 영혼은 절정의 리듬을 탄다
희열과 슬픔이 교차하는 그들

“만족하셨나요”
“예”
첼로와 클라리넷의 가벼운 입말의 대화가 끝나기도
무섭게

“뭐얏, 밥 다 타잖아!”

압력밥솥에선 탄내가 진동하고
된장찌개는 렌지를 넘어서 국물이 바닥으로 흥건하
게 고였다

2막에서 늑대가 씨근덕거리고
샐쭉해진 여우는 행주를 찾느라 허둥지둥
‘무도회의 권유’는 숟가락 박수 소리로 달그락거린다

봄의 소리 왈츠

무뚝뚝한 그가 봄 한 묶음을 선물했다

노란 꽃잎을 터뜨린 후리지아
잠자고 있던 소뇌를 자극하는 향기에
세포가 깨어나며 봄의 소리 들려온다

잎맥을 더듬고 물관이 차오르며
새 꽃이 일어나는 소리

때맞춰 오일장에서도
냉이, 쑥, 달래 초록의 평원에
봄을 내다 파는 저 할머니
묵직하게 주저앉았던 두 다리에
푸른 잎 돋아나고
겨드랑이 사이로 밀려오는 바람에
들판으로 한 발 한 발
딛는 발걸음

바람에 실려 가던 할머니의 몸이
때아닌 왈츠를 추면
한결 가벼워진 마음에
푸른 잎이 될까나
봄 지나가고 무성한 이파리는 봄의 향기를,
기억에 의지해 춤추겠지

산세베리아

'목마를 때 물 주세요'

아주 가끔 목을 축여주었다
낯가림을 하는 모양인지 숨고르기를 하면서
생장을 멈춘 듯 주춤거리며 눈치를 본다

새순을 틔운 겨드랑이
씩씩하게 가지를 뽑아 올려 식솔들을 불러 모은다

겨드랑이가 가렵다
씨앗을 발아하여 생장을 해왔던,
마른 피 한 방울이라도 더 짜내어 가지를 넓혔던
그 아득한 시절

분가한 화분이
또 겨드랑이를 긁어댄다
세상의 모든 어미는 산달을 거쳐야 한다

느티나무 어르신

마을 어귀에 들어서면
완만한 경사지에 마을을 떠받치고
서 있는 느티나무

수백 년 살아온 나이테 갈피마다
서리서리 쌓아온 사람들의 이야기 쟁여놓고
실타래 풀어가노라면 어느새 한 몸이 되어간다네

구순의 할머니
꽃상여 타고 먼 길 나들이 떠날 때
푸른 머리채 조아리고 두 손 모아 합장한다네

쏟아지는 저 소낙비 처연하게 맞고 가는 할머니

엊그제 집에 증손자가 태어났다고 하더니
꽃 같은 할머니
느티나무 어영차 돌아 돌아가시네

수지맞은 날

제 몸보다 더 큰 짐을 업고 온 트럭
바람이 빠져나간 타이어가 찌그러졌다
안마당에 부려놓은 고물들이 잔뜩
바람을 안고
스텐은 스텐끼리
캔은 캔끼리
유유상종으로 모여 있다

꽃피던 한때가 고물 위에 얹힌 지금
바람이 뒷덜미를 낚아챘다
지면에 이름 석 자 올려놓고
무지개를 타고 날아다니는 줄 알았는데
바람의 자리, 그 자리

끼워 맞출 수도 이어붙일 수도 없는 파편들이 아프다
고물도 되지 못한 고물들이 흩어졌다

고물을 건너뛰다
꽤나 큰 상자를 열어 보았다
김춘수의 시집이 섞여 있다
『무의미의 시』
의미를 잃은 입가에서 웃음이 흘러나왔다

나는 한때 신춘문예 시인 지망생이었다

야상곡

그가 오랜만에 내 몸을 열었다

열감기로 헛소리를 하며 혼절했던
열흘의 시간
조마조마한 마음으로 입을 닫고 귀를 막았다

자박자박 발걸음이 와서 멈춘다
커튼 사이로 달빛이 흘러들어왔다
그가 내 발등을 살짝 누른다
왼손으로 발등을 터치하고
오른 손가락으로 가슴 세포 하나하나를 깨운다
숨소리를 죽여가면서
그가 연주하는 쇼팽의 녹턴 2번을 따라 춤을 춘다

이전보다도 더 섬세한 손길
나뭇잎에 흐르는 이슬
나의 가슴을 가만가만, 때론 격정적으로 만진다

어느새 쇼팽의 영혼이 몸속에 들어왔다
슬픔과 기쁨이 교차되는 가슴 밑바닥에
백합 한 송이 피어오른다

달빛은 구름 속으로 들어가 숨어버렸다

봄밤

후드득 내리던 빗방울 그치자
젖은 가지마다 앉아있던 봄이 꽃잎을 열고
입김 불어오는데
바람이 지나간다

꽃잎을 건드린다

봄이 오면 꽃바람으로 묻어올 것만 같은 그대

긴 겨울밤
털실로 엮은 날줄과 씨줄
떴다가 풀어버린
하마 그 세월은 속절없이 지나가고

약속이나 한 듯

저벅저벅 반가운 소리 들릴 것 같아

입술 살짝 열고
긴 목을 올려다보는 설레는 마음에
왠지 목련꽃 아래서 서성거린다

목등 켠 나무 아래 또 하나의 등 밝혀 붉은 고름
씹지만
봄날은 어제처럼 가고 있다

조율

궂은비와 모래바람에 눈이 찔려 병 든 피아노,
결절이 생겼는지 높은음은 올라가지 못하고
낮은음이 늘어질 대로 늘어진다

왕진 온 의사는 청진기를 목에 대고
한 음 한 음 짚는다
해머가 병이 들어 튜닝 핀을 해머에 대고
실핏줄을 밀고 당기며 잡음을 빼내 준다

맑다

왼쪽과 오른쪽 어깨에 번갈아 통증을 느낀다
휘어질 대로 휘어진 비대칭 허리선
한의사는 내 오른쪽 정강이를 걷고 튜닝을 하기 시작한다
발가락과 손가락,
발바닥과 손바닥에 침을 놓는다

아찔한 신음과 비명이 혀 밑에서 가슴으로 들어간다

잡음이 빠져나간 하늘에서는 슈베르트의 숭어가 튀어오른다
나는 허공을 튕기는 선율

할매와 손자

운동장,
회오리바람이 아이들을 휩쓸고 간 뒤
또 세찬 소낙비가 내린다

초등학교 끝나는 시간이 다가오자
색색의 우산들이 교문 안으로 들어서며
인사말이 빗방울 소리다

분홍, 파랑, 꽃우산 속으로
뛰어드는 아이들 다 사라져
석이는 무채색 눈동자에 빗물이 고였다
뒤돌아 후문으로 빠져나간다

살 부러진 우산 속에 등이 휜 할머니,
펼치지 못한 우산을 들고 운동장에 서 있다

그날 그들의 눈 속에 황토물이 흘렀다

햇살 한 줌

내가 사는
골방에
햇살 한 줌
찾아와
발을 담그면

모서리에 웅크린
검은 고양이
방을 빠져나가네

나는 빈 그릇 가져와
햇살 한 줌 주워 담는다

얼음꽃

지층 계단 뒤
서릿발이
움트는
흰 목련이
홀로 피어 있다

화기 하나 없는 지하 단칸방
목울대 넘기지 못한 아픔,
잔기침 쿨럭이는

기러기 아빠

제2부

그늘의 조합

그늘의 조합

살풀이춤을 추는 어머니의 몸짓에는 그늘이 있다
흰 수건을 접었다 펼치고
펼친 수건을 길게 늘이며
허공에 휘감아 돌아갈 때

어머니는 밑바닥에 고여 있는
설움과 한을 끌어올려
끊어질 듯 끊어질 듯 이어지는 호흡에 의지해
흰 수건을 감는다

치마폭은 밤을 덮는 그림자
가장까지 안은 짐이다

어깨는 시름의 눈물투성이
두루마기 옷소매는
어머니의 굳은살이 박혀있다

흰 목련을 꺾어 어머니의 치마 밑으로 기어든다
뼈 시린 반세기가 덜덜거릴 때
가만히 발등을 잡아준다

우리는 목련나무와 등불
서로를 비추며 뼈아픈 그늘을 밀어내고 있다

매화 애증

창밖에는 눈이 내리다 말다 한다 눈을 뒤집어쓴
매화나무는 몸을 부르르 떨고 속을 끓인다
문틈으로 들어오는 바람이 맵다
어머니는 껍질을 벗긴 북어와
얄팍얄팍하게 썰어진 무를 냄비 속에 넣고 끓인다

아버지와 카페 가시버시 마담과의 술 담론은 이미 30년을 넘었다
내뱉는 투레질에선 독한 양주로
부글부글 끓여진 쉰 냄새가 올라온다
아버지의 입은 선을 넘었다

바깥은 뿌리가 매화 열매를 부채질하기도 전에 눈이 나무를 뒤덮고 만다
어머니는 아버지의 코에 연신 손을 갖다 댄다

찬란한 봄밤이다

경칩驚蟄을 먹다

새벽이면 아버지를 태운 낡은 버스는
그르렁거리면서
상대원 고갯길을 오른다
마감을 재촉하는 건설현장 감독의
주파수에 걸린
다리가 파편처럼 부서진다

파스를 칭칭 감은 채 아버지는 안방 통소로 살아간다

어머니는 온 동네 웅덩이를 헤집으며
우무에 쌓인 개구리 알을 건진다
지지고, 소주에 담가 약술을 만들면

아버지의 검은 다리는 개구리로 변한다
비 오는 다리에서는 개구리 울음소리가 들려온다
구릉의 소복한 알갱이들

물이 흥건한 안방엔 물갈퀴가 흐느적거린다

끝순이

쑥개피떡 함지박을 이고
시오리 걸어 서울행 비둘기 타고 간
울 엄니

뽀뿌린 꽃무늬원피스와 까만 운동화 한 켤레 사고
자반고등어도
사온다는 약속

엄니 잊으셨어요?

해는 바다에 빠져 허우적거리고
성황당 고갯길에 마중 나갔다 엄니를
보지 못한 채 돌아와
벽보고 투정부리는데

엄니 대신 나는 소쿠리 삶아 놓은 보리덩이 밑에 깔고
쌀 씻어 가마솥에 안친다

검댕이 그려가며 청솔가지 불을 때면
보리밥 뜸 속에 엄니의 구수한 목소리가 들린다
누렁이도 밥 달라고 코를 벌름거린다

바람이 삐걱이는 대문 소리,
질은 밥 뚝배기 된장국 냄새도 가버린 시각
엄마는 오지 않고 쑥개피떡에 쉰내만 부쳐 보내온다

북새통

난생처음 비행기 타고 온 제주도

시어머니는 어지럽다며 지팡이에 간신히 서 있고
아이들은 소리 지르며 유채꽃밭 사이를 뛰어다닌다
퉁퉁 불은 젖을 아기 입에 물리는 며느리

끝없이 펼쳐진 유채꽃밭 배경으로
한 방 찍으려고 아이들을 부르는데
한 놈 불러 세우면 또 한 놈 도망가는 바람에 정신이 없다
급히 먹은 젖을 왈칵 토하는 아기
수건 찾는 며느리
간신히 모아진 가족들
삼발이 세워놓고 하나 둘 셋,
찰칵하는데

바람결에 또 기우뚱 넘어지는 카메라

혀를 차는 시어머니
주름진 얼굴이 회색빛이다

삼대를 껴안은
유채꽃밭은 눈부시게 환하다

그날 기념사진 속 얼굴들은 찌그러졌다

막걸리

막걸리 사 주는 건 일도 아니다

객지에서 잔뼈가 굵은 동생의
걸쭉한 목소리가 귀에 쟁쟁하다
벚꽃잎이 휘날리고
흰 철쭉 꽃잎에 두러싸인 검은 테의 흑백사진이
손을 내민다

화설이 지나가는 집마다
껄끄러운 날들을 대패로 밀어내지만
그는 언제나 빈손
내 손 맞잡고 막걸릿잔 기울이던 그때가 기일

삽으로 떠도 뜨지 못한 암덩어리
외로움이 외로움으로 뭉쳐
시간도 소용돌이치던

한 손 가지런히 네게
막걸리를 붓는다

“자 시원하게 한 잔 드시게나”

옹이가 박힌 거친 손바닥이 넙죽 받아든다
꽃잎이 휘날린다

여름울의 합창

실눈을 뜨는 이른 새벽
손바닥을 넓혀온 단풍나무 가지에
조롱조롱 걸터앉은
애매미, 유지매미, 참매미들
연미복을 걸친 말매미 등장하자
터지는 함성
레미파솔라시도
가볍게 목을 푼다
산에 사는
깽깽매미, 좀깽깽매미
눈 비비며 달려오고
지휘봉을 흔들어 신호를 보낸다

두 살짜리 손자 녀석도
애앵애앵 깽깽거리며
제 어미 젖무덤에 찰싹 붙어 울어댄다

한꺼번에 터지는 합창
안단테 안단테 모데라토
포코 크레센도
이어졌다 늘어지고
끊어졌다 이어지는,
애간장 타는 숲속
밤새 쏟아놓은
죽은 말이 바닥에 수북 쌓였다

꽃가마가 오던 길을

마을 지나 굽이굽이 돌아가는 구수고개, 아흔아홉 해 살다 가신 울할무니, 염천에도 외씨버선 신고 동백기름 쪽을 찌고 은비녀에 붉은 댕기, 여름에는 모시적삼, 겨울에는 누빈 마고자 한 땀 한 땀 박아 입고 곶감, 대추, 옥춘, 약과 다락 안에 감춰두고 내어주던 울할무니

타고 가는 꽃상여가 어룽어룽 넘어간다 가을바람 깔아놓은 은행잎들 수틀 짜고 드문드문 수를 놓은 붉은 단풍, 춥도 덥도 않은 들판을 끌고 간다 상여꾼들 요령 소리 두 발 앞으로 한 발 뒤로 옮겨 갈 때 쨍그렁 쨍그렁, 멧새도 뒤를 따라 너울너울 날아간다

*너너 너하 너거리 넘차 너어도
어호 너하 너거리 넘차 너어도
가자 간다 꿈을 꾸니 실낱같은 이내 몸이
어허 너하 너거리 넘차 너어도……

건넛마을 작은 씨앗 칠형제 아들 낳고 일가를 이루어도 눈길 한 번 안 흘기고 감내하던 울할무니 이생에서 못다 한 꿈 도솔천에 태어나서 자씨보살 친견하고 천년만년 살고지고 천년만년 살고지고

꽃상여가 넘어가네 꽃가마가 오던 길을

* 상여꾼들이 상여를 메고 장지로 갈 때 부르는 노랫소리

시를 그리다

팔순의 갑분 할매 생전 처음 한글을 깨치다. 서울에서 온 대학생 선상이 시를 지어오란다.

"아! 시가 별거여 밥 먹고 일하는 거 그거이 시지 농사꾼이 별거 있당가?" 궁시렁거리며 막걸리 한 주전자 열무김치 한 보시기 들고 들로 나간다.

땡볕 아래 농약 치는 김 서방 불러대며 막걸리 한 사발 안기고 당신도 한 사발 쭉 들이킨다. 열무김치 손으로 쭉 찢어 한입에 넣고 우적우적 씹으면서 "앗따 김서방! 쉬엄쉬엄 하랑게 평생 일하디 죽는거 그거이 농사꾼 아니것냐? 우리 영감두 환갑 때꺼정 일하다 가부렸땅께, 뭣이 그리 급해싸가지구…" 또 한 사발 쭉 들이키고 몸뻬바지 툭툭 털고 일어선다.

할매는 툇마루에 쪼그리고 엎디어 공책 한 장 쭉 찢어 몽당연필 침 발라가며 꾹꾹 눌러쓴다.

"오늘은 영감 생각 겁나게 나부렀구먼, 영감! 그

곳은 살만 하당가? 살다가 재미없음 다시 내려오랑게, 겁나게 보구잡서 잉" 시 한 편 뚝 딱 써버렸다.

양자물리학*

"얘야 일어나서 이리 오렴"

꿈결인지 잠결인지 돌아가신 어머니의 목소리가 들려요. 나는 일어나 소리 나는 쪽을 바라보았어요. 빛이 비춰지는 손가락이 가리키는 쪽으로 따라갔지요. 어머니가 서 있었어요. 손을 잡고 걸었죠. 흰옷 입은 비구들이 금빛 의자를 밀고 있었어요. 뒷모습만 보여요. 그들은 오색구름이 뭉게뭉게 피어나는 안개 속으로 미끄러지듯 가고 있어요. 따라 가보니 안개꽃이 무리지어 피어 있었어요.

풀밭에서는 사슴과 캥거루가 뛰어놀고 이어달리기를 하는 듯, 한 줄로 뛰어가는 풍경이 동화의 나라로 들어간 것 같아요.

"어머니 여기가 어디예요?"

여기는 우주의 한 가운데이고 낙원이라고 말했어요. "어머니 그동안 보고 싶었어요" 어머니는 보고 싶으면 언제든지 볼 수 있고 생각하는 대로 이루어진다고 말했어요.

캥거루들이 내가 가는 곳마다 따라 다녀요. 어머니는 이제 집으로 돌아가라고 말했어요. 가던 길을 되돌아오는데 독사가 고개를 빳빳이 들고 있어요. 나는 어머니의 치마끈을 잡고 뒷걸음질을 쳤어요.

"얘야 모든 것은 꿈[幻]이며 물거품이며 그림자와 같느니라"**

홀연히 사라지는 어머니, 빛의 세상에서 어머니의 하얀 치마폭이 빛 속으로 빨려들어갔어요.

전화벨 소리에 화들짝 놀랐지요.
"엄마 뭐해요!"

* 물질과 허공이 따로 구분된 것이 아니고 '하나'라는 것이다. 생각이 현실을 만들고 '생각하는 대로 이루어진다'는 신념

** 금강경 32분

숟가락 모지랭이

아무도 돌아보지 않는 지하 창고
푸른 이끼 돋아나고 매캐한 연기 피어오르며
붉은 곰팡이 번져 나간 무덤 속에
잊혀진 숟가락 모지랭이
이지러진 반달모양
검버섯이 거뭇거뭇 박혀 있다

농부들의 새참을 준비할 때
언니의 손에서 바빠진 모지랭이
함지박에 수북이 쌓인 감자
흠집 하나 내지 않고 겉옷을 벗기면
뽀얗게 드러나는 속살

빠른 손놀림으로 빠져나간 근육은
날렵한 몸짓과 인기로
내 손에 전해지기까지 꽤나 오랜 시간이 흘렀다

여든 몇 해 살아준 몸의 감각이 썰물처럼 빠져나가고
투명했던 세포들이 녹이 슬어 한 발 내딛지도 못하는 언니
햇빛요양원 창가에서 노을이 스러져가는 저녁을
말없이 바라보는 처진 어깨 위로
바람 한 점 지나간다

호미

하늘이 열리기 전
눈곱도 떼지 못한 호미의 발자국은
할미보다 먼저 텃밭으로 달려간다
밤새 내린 비로 물웅덩이가 된
밭고랑에 코끝으로 물길을 내주자
누워있던 채마밭은 꼿꼿하게 일어선다

푹 삭아서 구수한 냄새가 모락모락
피어오르는 두엄더미를
손으로 퍼 나르면
거름이 호미인지, 거름인지
한 몸으로 엉겨 붙은

"이곳이 노다지랑게,
 너그 애비와 삼촌꺼정 공부시키지 않았겄냐"
들판을 휘돌아 갈 때
할미의 금이빨은 햇빛에 반짝인다

고추, 호박, 깻잎을 읍내로 이고 나가
비린내 묻힌 저녁과 돌아왔던
고무대야는 광에서 뒹굴고
세월의 발잔등이 떠난 호미는
해질녘 텃밭에 쭈그리고 앉아
서쪽을 바라본다

등이 굽은 채로

어쩔 수 없이 그리워서

싸늘한 늦가을 바람이 몰고 온 나뭇잎들
끊어진 기억 속의 잔해를 길 위에 뿌려 놓는다

휑하니 뚫린 하늘 그 흔한 산새는 보이지 않고
희미하게 어른거리는 옷자락 사이로
친밀한 손길 하나 더듬고 있다

허공에 뻗어 나간 손가락 끝
겹쳐지다 놓친, 튕겨져
내리막길로 휘청거린다

희미한 그림자
물안개 피어오르는 허공에서
무너져 내린 가슴
움푹움푹 파여진 발자국만이

점점 닿을 수 없는 빛으로
멀어져 가는 스산한 가슴만이,

초연

그가 내 곁을 내주었다
오른손으로 내 어깨를 감싸 안고

우산을 받쳐든 손에 힘이 들어갔다

왼쪽 귓불이 화끈거렸고
몸은 젖어 있었다
하나 옆에 하나가 와 포개진 몸은
연둣빛 옷고름을 풀었다

집 앞에는 두 갈래의 길이 나 있다
푸들 두 마리 앞서거니 뒤서거니 뛰어간다
화살나무 등 뒤에서 서로의 얼굴을 섞는다

지나가던 노인이
지팡이를 땅땅 두드린다

화들짝, 지구 속이 벌겋게 씩씩거린다

대추나무

이른 봄 겨우내 얼어있던 가지에 물이 오르면
두서없이 삐죽삐죽 뻗치는 머리카락 가지런히 정돈한다
깊이 판 땅속
두엄 한가득 밀어 넣고 꾹꾹 밟아준다
뿌리는 넉넉한 집을 짓고 맘껏 기지개 켜
그늘 한 평의 몸무게만큼
번져 나가 뒤꼍 우물가에서
실바람 타고 온 분 냄새를 안을 것이다

산들바람 불어올 때
풋생각 밀어내고 마음 다잡아 대추들이 옹골차게 여물어간다
깔아놓은 멍석 위에 한가득 펼쳐 놓는다
잡생각 빠져나간 자리마다 곱게 주름 잡힌

꽃의 자식들

못난 놈, 벌레 먹은 놈 골라내고
귀한 몸 융숭하게 대접한다
차례상의 용상에 대추가 앉는다

늦가을 찬바람이 불어오면
남은 잎 다 털어내고
동안거 긴 휴식에 들어간다

두고 온 우산

가을비 속으로 우산이 내게 들어왔다
빗금은 아득한 거리를 당기고
어깨의 거리를 좁혀갔다

빗줄기 거세어지자
너는 바람막이가 되어주고 너와지붕 아래
한 매듭으로 묶였다

세월은 현지를 묶지도 지탱하지도
못해 너와 나는 옛 시절의 이야기로 남는다

오늘 비 추적추적 내려
산등성이가 시퍼렇게 얼어붙어
짐승처럼 서 있는 소나무 아래

검은 우산을 들고 지나온 자취를 생각하는
한 여인이 그대로 있다

제3부

손바닥 경전

가문비나무

해발 3000미터 로키산맥
한여름에도 만년설이 깔려있고
거칠게 불어대는 눈보라에 눈이 멀 것 같아
눈 감고 입 닫는다
겨우 목을 축이고 생장을 멈춘 지 이미 오래전
매서운 바람에 등은 굽고
가슴과 무릎이 맞닿은 채로
꿇어앉은 나무는 수도사다

잡념을 떨치고 수행에 힘쓰는 그는
오직 땅을 굽어보며 안으로 숨을 들이쉰다
오묘한 생각으로 떠오르는 빛을 별처럼 펼쳐놓고
몸을 단단히 조여 나이테로 쟁여놓는다

부르르 떨리는 손으로 힘찬 법문을 시작하는
불가의 노래
정진하며 살아가는 수도사의 고단한 삶을

그는 침묵의 눈빛으로 엮어낸다
풀어내듯이 전생을 하나씩, 하나씩

접혀진 무릎, 단단하게 박고
예불, 예불 그가 춤추는 천수다라니 바라춤
설산에 울리는 범패소리
꽃비가 어지럽게 흩날린다

손바닥 경전

지인이 동영상을 보내왔다

검은 고양이가 새를 만지고 핥아주는데, 새는
싫은 내색 없이 고양이의 애무를 받아준다
강아지와 오리, 닭이 술래잡기를 하고
고양이가 노란 병아리를 품에 안는다
제 몸의 온기로 채워주자 병아리는
어미의 품속인 양,

개에게도 불성이 있는지,
조주스님께 물었다

자연계의 모든 미물은
이심전심이 아니던가?

붓다는 일체중생이 실유불성이라 했거늘,

인드라망 그물코에 걸린 구슬이 빛을 쏘아 보내고
그 빛이 다시 다른 그물코 구슬에 비추어 빛을 되쏘아
보내는 화엄의 바다

중중무진 법계에서 벌어지는 현상을 시시각각으로 보여주는
손바닥 경전
할퀴고 쥐어뜯는 인간들의 현상보다 따듯한 정감이 펼쳐지는,

또 묻는다

"개에게도 불성이 있습니까?"

나비 한 쌍

올려다보니 가파른 계단이다
삼보 일 배 오체투지 하듯
숨을 몰아쉬며 백팔계단을 올라간다

구층 석탑의 그림자가 길게 누웠다
법당 아래 흰 고무신
햇살을 받아 눈부시다

화르락
간밤, 비 맞은 화설을 빗질하는 소리
삼백 년 벚나무가
보듬어 안고 있던 꽃잎들을 털어낸다

이승의 짧은 사랑의 줄을 잇는 나비 한 쌍이
양팔을 흔들며 노닐고 있다
동영상을 찍어 그에게 보낸다

한동안 사이가 뜨악했던 그와 나

우리는 그새 나비되어 가벼이
탑 위로 날아간다

속물근성

'찬이는 엄마에게 뭐지?'
'아들'
이제 막 말을 배우기 시작한 아이에게 딸은
아들을 세뇌시킨다

딸이 출근한 사이
'할미에게 찬이는 뭐지?'
'손자'
버튼을 누르면 바로 나오는 멜로디처럼 연습을 시킨다

붓다는 아들을 낳자 라훌라[장애]라고 이름을 지었고
대 자유의 길을 얻고자 출가했다

굴레를 벗어나서 자유를 얻고자 부처를 찾는다

4년 후 둘째가 태어나고 말을 배우기 시작할 무렵
'빈이는 할머니에게 뭐지?'
'손자'
묻고 묻고 또 묻는다

나는 영락없는 속물이다

선운사

도솔천 내원궁
가릉빈가 노랫소리
꽃비 내리고
마야부인 품에 안겨 잠이 들었다

범종 소리 새벽을 깨우는데
꿈결인 듯 생시인 듯
내 어머니 투박한 손길이
이마를 쓰다듬는다

깨지 말 것을,
매달릴 것을,
이러지도 저러지도 못하고서
날이 밝았다

안개 속 동백꽃이 이슬을 달고
지긋이 바라보는데

여름밤 수국은,

뒤꼍에 수국 한 송이
도랑물에 발 담그고 하늘을 본다
막 잠에서 깨어난 저녁별
하나둘 안부를 물어온다

어디선가
포개진 꽃잎에 눈물 한 방울이 떨어진다

너에게로 가기엔
너무 멀고, 외로워
나는 괜스리
불덩이 가슴을 녹차로 다독인다

그때, 금성 하나 내려와
누르스름한 꽃송이 위로 빛을 뿌린다
침묵을 깨고 풀벌레들이 노래하는 밤이다

촛불

씨 간장 장독대에
정한수 받쳐놓고
두 손 모아 빌었더니
지문닳은 울어무니
오대독자 아들 얻고
애면글면 키웠어라

은자동아 금자동아*
천지건곤 일월동아
만첩산중 보옥동아
창해바다 진주동아
칠보천금 보배동아
채색비단 오색동아
수명장수 부귀동아
자손창성 만복동아……

어무니의 소원대로

무탈하게 커가면서
심지곧은 청년으로
훤칠하게 자라났네

반야지혜 두루펴서
배곯은이 도와주고
고루고루 나눠주고
밝은세상 지향하네

칠흑같은 어둠속에
심지타는 촛불하나
어무니의 염원담아
소리없이 불태워서
온누리가 환해졌네

* 구전동요 중 일부분

봄비

무심코 떠나보내고
오지 않는 님 기다리다 허기진 밤
뒤척이며 이불깃 여미는데
기별 없이 찾아온 봄비가
창문을 두드린다

여기저기 내려앉은 까만 나비 떼
슬쩍 자리 비켜주고 떠나는데
동글동글 무리지어 흘러가는 빗방울

거친 마음 가슴 속 응어리
한데 모아 흘러가 준다면,

새벽하늘 밝히는 햇살이
느티나무 가지에 물안개 피운다

봄비 지나간 자리마다
새싹이 눈을 또릇또릇 몸 풀기를 기다린다

부활 갱신

팔다리 꺾이면서 무성한 기억들도 잘려나갔다
움푹 패인 상처 장독杖毒으로 곪아 들어간
덩그런 줄기 태풍의 악몽을 떨쳐내고
실낱같은 기억을 되찾았는지
계수나무는 손톱 같은 싹을 밀어 올린다

그곳에 심술궂은 꽃샘바람이 세차게 때린다

죽음 직전까지 흔들리던
나무를 바라보던 할아버지

총알이 빗발치던 전쟁터에서
꺾인 다리 절룩이며
나무에 두엄 주었던 이야기를 끝없이 하는데

어느 틈엔가 계수나무는
꿰매지 못한 한 시절의 무협을 버리고,
노란 꽃들을 조롱조롱 피워 올리고 있다

자작나무 숲에서

그리움의 시선은 고향하늘에 닿았고
지난한 삶은 숨 고르기를 한다
저 멀리 어룽거리며 떠오르는 얼굴들

한 줌 흙덩이에 쌓여
실핏줄 같은 잔뿌리 양분을 채우고
척박한 능선에 터를 잡았다

철새들 날아와 나뭇가지 흔들어 깨우고
새벽 햇살에 기지개 켜가며
고향하늘 바라기 하고 긴 목을 늘려갔다

은빛 가슴 열어 바람 스치면
하얀 달빛 내려앉아 숲속에 가득 찬 기운

눈꽃 입은 장병들 도열해
'받들어 총!' 하는
빨간 단풍 굴러가는 숲속

해바라기 그네를 타다

골목 어귀가 환하다

얼굴 돌려가며 햇볕 끌어와
해바라기 전깃불이 불을 밝혔다

환한 고샅에 묵은 솜이불처럼
묵직한 노인이 집 밖으로 운신의 폭을 넓힌다

해바라기 까만 씨 노인의 품속 파고들면

그악스럽게 울어대는 매미 새끼들도
몸 부르르 떨며 울음을 그친다
딸의 음성이 매미 소리를 대신한다

노인의 얼굴이 일시에
바람에 실려 가는 뭉게구름이
노을 속으로 풍덩!

해바라기 속으로 매일 태양이 파고든다

노을

밑줄 쫙 긋고 목에 힘주던 태양이
붉은 옷자락에 둘러싸여
수평선 물마루에 걸터앉았다

우르르 나갔던 바닷물이
앞서거니 뒤서거니 수위를 조절하며 밀려온다

해풍에 맞서 두 다리에 힘주고
버티었을 소나무는
비로소 안도의 숨을 몰아쉬며
긴 휴식에 들어간다

삼시 세끼 입에 거미줄 칠까
외지로 떠돌던 사람들은
무엇을 얻었을까

일출과 일몰 속에서

하루가 저물어가는데,

영종도 찻집 전깃불만
찻잔 위에 노을로 뜬다

통통배가 급하게 물살을 가르며 지나간다

문고리

뒷간 다녀오마

문 열구 나가신
아부지
상여 속에 잠기던 때 엊그제인데
문 여닫이는
하늬바람에 덜컹거린다

향 한 대
피워놓구
먼 산 바라보는,

곰방대
문을 향해 탁탁 턴다

제4부

논픽션 르포

고장 난 가방

가방이 고장 나서 수선집에 들렀더니 주인 잃은 가방들이 방구석에 처박혀 있었다. 수선집 주인은 지퍼가 고장이 나서 새것으로 갈아야 한다고 말했다 양가죽 가방의 지퍼를 뜯어내고 새것으로 박음질하는 동안 그 집의 가방들이 주인을 찾아 나선다. 무명천으로 된 것은 목화밭으로, 비닐가방은 주유소로, 소가죽으로 만들어진 가방은 외양간으로 나는 양을 만나려고 들판으로 가다가 길을 잃었다. 양을 기르는 들판은 너무 멀고 아득했다. 양을 몰고 가는 목동의 노랫소리가 들린다. 푸른 초원은 끝이 안 보이고 안개가 덮여 있었다. 목동은 갓 짜놓은 양의 젖을 대접에 따라준다. 비릿한 맛이 났으나 뒷맛은 고소하다. 나는 그때서야 업고 간 아기가 생각나서 등을 만져보니 아기는 없고 털목도리만 감겨 있다. 주인은 뜯어낸 지퍼에서 양털을 뽑아내면서 아기를 찾느냐고 물었다. 목을 끄덕이자 인형을 건네주었다. 아주 귀엽고 조그만 어린양이었다. 털이 곱슬곱

슬하고 눈이 까맣다. 가방을 돌려받고 오는 동안 털이 수북하게 자랐다. 어린양은 음메하고 어미양을 부른다. 나는 다시 길을 잃었다. 멀리서 새끼양을 찾는 어미양의 목소리가 들리고 안개는 점점 심해져 앞이 안 보였다.

등대

세상의 끝에는 네가 있었다

빨간 우체통을 닮은 너는
먼 길 떠나는 나그네의 등불이 되고
이정표가 되었다

여행이란 가보지 못한 세계
느껴보지 못한 미래를 당겨보는 일이다
돌아오지 못할 수도 있다는
떨림을 가슴에 안은 채,

이제
보트를 타고 또 다른 항해를 시작한다
태풍이 몰아칠 때는 넘어지지 않으려고
두 다리에 힘을 주고 긴장한다

너를 지탱해주는 돌섬을 한 바퀴 돌아본다

새떼들이 앉아서 쉬고
바위는 온통 새들의 배설물로 덮여있다

한 자리에서 늘 나를 바라보는 너,
천천히, 서두르지 말고 에둘러 돌아가고
끝은 새로운 출발점이 된다

세상의 구심력,
너는 나를 당긴다

불빛은 내 가슴으로 명멸해오고

미나마타[水保病]

저녁마다
남자의 손에는
참치회를 담은 비닐봉지가 들려졌다
임신한 아내가
보채듯 전화해서
남자의 주머니는 점점 얇아졌다

아기는 물고기처럼 등에 지느러미를 붙인 채
눈만 꺼벅이며 울음을 터뜨렸다
바다야, 여긴 바다야
가시에 찔린 지느러미,
아이는 비명을 지른다
여자의 몸에도
남자의 몸에도
지느러미가 생겼고
밤은 시퍼런 등줄기를 세우며
한밤까지 철썩거렸다

모질게 산다는 건
모래를 갈아먹고
쓴 해초를 찧어먹는 일이라서
일가족은 바다를 살피려고
바닷속으로 걸어 들어갔다

이후
밤은
파도를 불러들이지 않았다

논픽션 르포

시인은 시대가 처한 현상을 외면하지 않아야 한다. 선각자가 될 수도 있고 아픔을 함께 나누고 치유하며 대중 곁에서 함께 있어야 한다. 일본의 미나마타현 화학공장에서 나오는 폐수로 인해 고양이가 발작을 하며 바다에 뛰어들었다. 최후의 자연은 수백, 수 천 년을 미리 당겨서 운다. 우리가 즐겨먹는 생선에 수은이 포함되어 있다. 생선을 일주일 내내 먹으면 수은 중독에 걸릴 수도 있다는 이야기는 사실이다. 수은중독에 걸리면 신경계통에 이상이 생긴다. 임산부가 이를 즐겨 먹을 때 태아는 우리가 모르는 사이에 수은중독에 걸릴 수도 있다. 공포다. 가족이 한 고리로, 이웃과 사회는 인드라망에 서로 비추고 영향을 주고받는 우주의 한 공간에서 숨을 쉰다. 혹처럼 지느러미가 달린 아기가 태어날 수도, 가시에 찔려 울음을 멈추지 못하는 아기가 태어날 수도 있다. 플라스틱 쓰레기로 오염된 바다, 플랑크톤 대신에 플라스틱을 먹고 자란 바닷물고기, 기형의

아기가 쫓아온다. 모든 생물이 살 수 없는 오염덩어리로 변하게 될 지구, 땅이 허공에 계단을 놓는다

고사를 지내는 동안

웃고 있는 돼지머리를 찾는다는 전단지의 질은 얇다 A반도체 하와이 공장 기공식 고사에 쓰려고 담당자는 웃고 있는 돼지머리를 구한다는 광고를 낸다 아프리카돼지열병으로 수천수만 마리의 돼지들이 생매장을 당하고 살처분 당한 이 마당에 회사 사장님이 허파에 바람이 들었거나 실성하지 않고서야 어찌 웃는 돼지를 찾는가

원주민은 돼지 입꼬리를 살짝 올리는 보정작업을 한다 과일이 풍성한 상 한가운데 떡 버티고 앉아있는 돼지의 입에는 천만 원짜리 수표가 물려 있다 원주민은 빛의 신 축산의 신 카네를 불러오고 르노*를 찬양하면서 발을 구르며 빨라지는 북소리에 흥겹게 춤을 춘다

제상 위 A반도체 광고 화면에서는 무인 자동차가 달리고 로봇이 커피를 내리며 드론이 가방을 배

송하는 장면이 어지럽게 움직인다 미래가 날아오든 말든, 천만 원을 입에 문 돼지는 입이 귀에 걸리도록 활짝 웃는다 시대를 역주행한 드론이 돼지를 태워 멀리 날아간다

* 우주의 소리

햇볕 쬐는 노인

어디 가
볼 때마다 묻는다

겨울에는 털모자
여름에는 밀짚모자를 삐딱하게 쓰고
힘 빠진 바람만이 들락거리는
대문 앞 계단에 쭈그리고 앉아
노인이 묻는다

숭숭 구멍 뚫린 관절에
햇볕 끌어모으고
비틀거리는 다리는 지팡이에 의지하던,

터진 옷소매 실밥 뜯어주고
어깨 위에 내려앉은 흰 머리카락
털어주던 영감님 앞세우고
오가는 사람 바라보던

허망한 눈길이 이젠 어디에도 보이자 않는다

누구는 섬에 사는 외동딸이 데려갔다 하고
어떤 이는
119에 실려 갔다고
소문만 무성한데
노인이 앉아있던 그 자리에
길고양이가 비스듬히 누워
햇볕을 향해 하품만 하고 있다

거리두기

코로나19가 극성스러워질수록
거리두기는 보폭을 넓혀간다

눈에 보이는 세상은
예전 그대로인데
사람들과의 소통은 차단되었다

요양원에 있는 어른들에게는
문자로 안부를 대신하고
참석하기 껄끄러운 자리엔
가지 않아도 되는 핑곗거리가 생겼다

그동안 너무 많이 먹어서 체증이 생겼고
쓸데없는 말을 많이 해서 혼란을 부추겼다
입은 닫고 귀는 열어 두었다
시야는 넓어지고 청각은 깊어진다
설익은 언어들은 귓등으로 흘려보낸다

탄천을 걷는다
벚나무 군락지는 꽃을 떨구고 새순을 밀어 올린다
햇살을 안고 오는 바람 소리가
신선한 언어를 싣고
내 귀를 툭 치고 지나간다

징검다리를 건넌다
다리 아래 송사리 떼 한 웅큼을 떠서
집에 가져왔다

어항 속에서 한가롭게 놀고 있다

소설 쓰는 남자

그는 날것을 먹지 않는다
과일도 숙성시켜서 주스를 만들어 먹는다

공중에 날아다니는 자음과 모음을 조합하고
옷깃에 묻혀온 사연

오뉴월 한낮 서너 시쯤 일어나 스트레칭을 한다
옥탑 한쪽에 심은 상추밭
굼벵이, 집게벌레, 개미떼를 살핀다

조리개에 포착된 사물들은
두꺼비가 파리를 낚아채듯 뇌 속으로 빨려 들어 간다
시장을 기웃거리고 커피하우스에 둘러 사람들을 꿰뚫어 보고
턱을 괴고 찻잔을 뚫어져라 응시한다

쫓기는 범인이 되었다가
형사가 되어 골목을 헤매고 다니던 중
여자와 사랑을 하고 배신을 당하기도 하는,
눈물 없이 볼 수 없는 시나리오

끼니를 거른 퀭한 눈은 초점이 없다

가상의 세계가 현실인 듯
현실이 가상인 듯
소설가는 덥수룩한 낙엽을 떨어뜨리며
빈 하늘만 바라본다

오월의 안과 밖

블라인드를 접자 희뿌연 하늘이 보인다
꽃무늬 원피스를 입은 여자가 바구니 앞에 쪼그리고 앉아있다
검은 안경을 쓴 남자가 아코디언을 연주한다

문틈으로 노랑나비가 들어와
TV 모서리에서 날개를 접는데
파이프오르간을 연주하는 여자의 손가락이 가늘고 하얗다
성당에서는 장엄미사곡이 울린다

트로트 메들리가 끝나자 여자들이 박수를 치며 앙콜을 청한다
한쪽에서는 바구니 안의 돈을 세노라 분주하다
남자가 방실이가 불렀던 '서울 탱고'를 연주하자
남녀 한 쌍이 나비처럼 가볍게 춤을 추고 발을 구른다

여인의 치맛자락이 공작새의 날개처럼 펴진다

노랑나비는 날개를 펴고 허공으로 날아간다

성모 마리아상 앞에서 두 손 모으고 기도하는 사람들

빨래

들이치며
내치는 바람결에
눌어붙은 삶의 부스러기

천 길 낭떠러지
폭포수 아래
내리치는 빗금 한 줄기

구름 한 점 없는
가을 햇볕 아래
부끄러움
널어 말린다

줄배 타고 건너온 길

강 건너 마을 다녀오는 순이네
기다리고 있던 줄배에 오른다
외줄을 당기면 한 발짝씩 물길 따라 밀려간다

5미터 허공에 외줄을 타는 남정네
한 손에 부채 들고 또 한 손에 바람을 가르며
줄 위를 사뿐히 걸어가고 허공에 솟구치며
튀어 오르는 묘기에 홀려 그를 따라나섰다

떠돌이 남정네는 줄배 타고 무수리 마을에 들어와
밀 보리 심고 채소밭 가꾸며 뿌리 내린 지 오십 년

낡은 벽에 걸린 흑백사진 속에서
공중부양하며 옛날을 발한다

장자의 나비꿈속에서도 그는 줄배를 띄워
하루에도 몇 번씩 바람을 가른다

엇박자

체부동 96번지
문간방에 짐 부려놓고
천장이 얕아 방안으로 못 들어가는 장롱
부엌에 세워놓았는데
오가는 사람들마다 기웃거리며
'쯧쯧 장롱이 너무 고급스러워' 한 마디씩 거든다

아랫목에 묻어놓은 따끈한 주발
연탄아궁이 걸쳐놓은 삼발이 위에서
된장 뚝배기 시간을 졸이는데

통행금지 다가오는 시간
희미한 가로등 아래
아내가 서성인다, 두 손 비비고

명퇴에 내몰린 늙은이
서슬퍼런 아내의 눈치 보느라 밤보다 짙은 새벽

을 기다리는 중

사람이나 장롱이나 자리는 생각지 않고 멀대처럼
크기만 해서 제 한자리 차지하지도 못하던,
흑백사진 속 가로등 아래로
당신이 걸어오고 있다

거풍

태풍 '쁘리빠룬'이 내 집을 찾았다
거칠게 몰고 오는 회오리바람이
마당을 건너가고
구석에 쌓여있는 책들이 평상 위에 누웠다

햇살에 눈이 부시다
잠자는 언어를, 기억을 꽹과리가 들볶는다

마당에선 한바탕 '깨갱 깨갱 깨개갱'
누렇게 바래진 종이가 춤을 추고
공자 맹자도 어깨춤을 춘다
생김새는 거조암의 오백나한이다

등짝에 고였던 땀방울 한바탕 풀고 나니
살아온 날들이 거풍이 되었다

사는 게 별거겠냐
얼씨구, 절씨구

참외

1.

'풋'과 '설익었다'는 말은 몰라요
잊어버렸어요
뙤약볕 한 올 한 올 몸속에 박고
황금빛으로 부풀어 오르면
몸이 달게 하늘로 오르죠
덩굴 속 얼굴이 부풀어요

2.

멋대로 굴러다니는 개똥밭의 참외
송아지도 얼굴 돌려요
먹을 것이 없어 쭈글쭈글한 껍질
오랫동안 숙성되고 발효되어요
꼬들꼬들 이빨이 아파요
어머니의 어머니 그 어머니의 어머니가 귀에 들려준
가려먹는 지혜

■ 해설

그늘, 불가의 인연과 생태시학

권영옥 | 문학박사 · 문학평론가

그늘과의 동거

인간은 누구나 자신에게 맞는, 맞이해야 하는 삶의 존재방식이 있다. 삶 한가운데서 느끼는 형용할 수 없는 슬픔, 고통, 아픔 등 그런 '그늘의 시학'은 이경숙 시인이 시를 쓰기 전까지 취했던 삶의 존재방식이라 할 수 있다. 그늘이라고 해서 다 나쁘다거나, 머리 숙이거나, 허리 휜 의미는 아니다. 그늘은 긴박한 마음의 동요 속에서 원래의 나로 돌아가고 싶은 마법 같은 의식이다. 시인이 그늘의 존재방식에 대해 시로써 세계에 공표한다는 것은 그늘에서 빠져나오는 행위를 하거나, 이미 빠져나왔다는 것을 의미하기도 한다. 하이데거에 의하면 존재가 분명하게 무언가를 깨달아 자신을 세계에 기투한다면 현시하는 자로 정립할 수 있다고 한다. 신기하게도 인간은 지난한 일상 속에서 이벤트 같은 환상이 자주 주어진다고 기대하지는 않는다. 일상이란 그늘과 기쁨의 공존 현상이라서, 존재는 그늘에 오래 노출되고, 기쁨은 짧게 스치듯 지나가는 반복 현상을 겪는다. 이럴 때 현재를 살아가는 시인들은 '산다는 건 무엇인가', '어떻게 살아야 하는가?'라고 묻고, 이를 시 속에 쏟아붓는다. 그래서 근원적 대상을 상실하는 것에서 오는 존재의 결핍이 곧 욕망으로 옮겨 가기도 한다. 이경숙 시인은 2018년에 등단하고 첫 시집 『목이 긴 행운목』을 통해 지금까지 보고, 느끼고, 생각한 삶의 궤적을 묵직하게 관통하고 있다.

이경숙 시인에게서 '그늘의 시학'은 그리운 대상을 상실한 데서 오는 결핍으로 나타난다. 결핍은 시인에게 고통과 슬픔을 주면서 욕망을 반복한다는 점에서 중요성을 띤다. 이웃이나 친구와 동일하게 겪는 것이 아닌 존재 스스로 겪어야 한다는 심리적 번뇌이다. 결핍은 나를 외부 세계로 데리고 나가야 하지만 주변을 스치듯 지나갈 뿐 정작 자유를 부여하지는 않는다. 시인은 여기서 자유를 얻기 위해 절망하고 탄식한다. 그러면서 자신만의 상像을 만들어내는 목표를 잡고 있다. 이경숙 시인의 경우 타인과 선친의 상실에서 오는 그리움은 오래도록 정신을 잡고 있다. 시인은 시간 경과 후 상실된 대상에서 마음과 정신을 철회하고, 스스로 홀로서기를 하거나, 새로운 대상을 찾아서 결핍에서 벗어난다. 그렇다면 이경숙 시인을 포함한 대부분의 시인들은 왜 그들의 삶에 결핍을 갖고 있는가? 시인은 누구나 그리운 대상을 상실하는 순간 결핍을 느끼고, 결핍이 또 욕망과 연결되면서 마음이 흔들리는 느낌을 받는다. 그 욕망을 메우기 위해 시인은 오래도록 '애도'의 고통을 겪는다. 이 지난한 그늘의 과정을 보면서 이경숙 시인에게 근원적 부재의 간극이 얼마만큼의 큰 고통으로 다가오는지 「폐역 영상」을 보면 알 수 있다.

나는 씹다 버린 껌이요
연극이 끝난 후 텅 빈 객석이요
떠나간 연인을 기다리지 않아도 되는
잊혀진 여인이다

있어도 없는 듯이,

팔다리가 잘려나가고 몸뚱이만
휑하니 남아 있는 전시실
박제된 추억이 전시되고 있다

나아갈 수도 뒤로 물러설 수도 없는 엉거주춤한 상태

묻지 못할 말을 바람에 손짓하고
듣지 못할 말을 햇살에 기별한다
시간은 바람벽에 정지되어 있고
그림자는 움직이지 않는다

꿈에서 깨어나도 다시 꿈을 꾸는,
연착된 기차가 플랫폼에 걸려있는
그런 날들,

봄날은 간다

— 「폐역 영상」 전문

시인은 시에서 고통의 형상을 "씹다 버린 껌/ 연극이 끝난 후의 텅 빈 객석/ 잊혀진 여인"으로 묘사하고 있다. 이쯤 되고 보면, 시인은 자신의 자아를 관상觀像과 퇴락한 존재로 여겨 비인격성과 동일시하고 있다. 더욱이 그는 자아를 "있어도 없는 듯한" 존재로 생각한다. 여기에서 존재는 세계에 기투하지 못하고 차단당한 채 내면에서만 자유의 날개를 펼치고 있다. 예컨대 "팔다리가 잘려나가고/ 몸뚱이만 남아 휑하니/ 박제된 채" 추억으로 전시되어 있다. 육체가 차단당한 시인은 고통이 깊어도 욕망을 미래지향적으로 표출하지 못하고, 뒤로 물러서서 결핍 상태에 머물러 있지도 못한다. 시인은 자신의 결핍을 메워 줄 대상을 상실한 것에 대한 욕망이 크게 흔들리는 느낌을 받는다. 이러한 상태에서 시인은 자아에 대한 자기애의 투여와 함께 새롭게 욕망할 수 있는 대상에게 자신을 부착시키지 못한다. 그 이유는 「폐역 영상」에서 찾을 수 있다.

그리움의 대상을 상실한 시인은 "묻지 못할 말을 바람에 손짓하고/듣지 못할 말을 햇살에 기별"한다. 시인이 바람과 햇살에 그리움을 표현한다고 해도 바람벽이 가로막고 있어 정지된 대상에게 전달하지 못한다, 대상 역시 그림자(죽음)이다. 따라서 시인은 환상이나 꿈을 꾸지 않는 한 자유의 날갯짓을 하지 못한다. 더욱이 자신이 죽은 대상에게 날갯짓을 한다고 해도 현존재와 다른 계는 접근 자체가 차단되어 있다. 그런 이유에서 시인은 '꿈'의 통로를 통해 대상에게 접근한다. "꿈에서 깨어나도 다시 꿈을" 꾸고 싶다고 하는 것이 그 예다. 대상을 잃은 시인의 심리는 마치 "연착된 기차가 플랫폼에 걸려있는 날들"과 같다. 이 시에서 시인은 그리움의 대상을 말하지 않는다. 하지만 '연착된 기차'의 상징을 통해시 보면 이는 정지된 남근, 즉 죽있거나 죽음과 동일시한 위치에 놓인 남성성이다. 따라서 이 시에서 시인에게 부재의 간극을 준 존재는 남성성을 지니고 있다. 시인에게서 상실의 대상은 이 한 사람에게만 있는 게 아니다. '구순 할머니'와 '아빠', 또 '타인'도 있다. 시인은 마음속에서 오랫동안 이 대상들을 기다린다.

구순의 할머니
꽃상여 타고 먼 길 나들이 떠날 때
푸른 머리채 조아리고
두 손 모아 합장한다네

쏟아지는 저 소낙비 처연하게 맞고 가는 할머니

— 「느티나무 어르신」 일부분

상가에서 묻어온 슬픔이 방문까지
따라왔어요
똬리를 틀고 구석에 웅크리고 있어요
움직이는 동선 뒤에 따라다녀요

— 「슬픔과의 동거」

지층 계단 뒤
서릿발이
움트는
흰 목련이
홀로 피어 있다

화기 하나 없는 지하 단칸방
목울대 넘기지 못한 아픔,
잔기침 쿨럭이는

기러기 아빠

— 「얼음꽃」 전문

시인은 '할머니', '죽음의 주체', '아빠' 등 현실에서 부재하는 사람들을 찾아 근원적 경험으로 되돌아가고자 한다. 근원적 본질은 현실과 괴리가 있다. 시인이 이를 건너뛰고 부재한 대상을 찾아 헤맨다고 해서 결핍의 구멍을 메울 수는 없다. 더욱이 시 텍스트에서 부재하는 대상들은 이미 '죽음'으로 기억되는 존재들이다. 살아 있는 이가 아닌 이상 시인은 현실에서 이들을 떠받들며 살 수 없다. 대신 시인은 대상에 대한 결핍을 끌어안기로 한다. 이 시에서 결핍은 고통으로 작용한다. 시인은 "쏟아지는 저 소낙비 처연하게 맞고 가는" 할머니의 죽음과 대면한다. 그 순간 죽음은 '무'로 작용하기에 앞서, 미셸 앙리가 지적하듯 '지향성 없는 정감성'(affectivité sans intentionnalité)으로 다가온다. 비록 지향성은 없지만 시인의 심리가 정지된 상태에 놓여있지는 않다.

또한 시인은 상갓집에서 한 죽음과 대면한다. 시인을 따라나선 타자는 "똬리를 틀고 구석에 웅크리고" 있다. 이것으로 보면 타자의 죽음과의 관계가 시인의 감정과 연계되어 있다는 걸 알 수 있다. '웅크리고 있는 자세'를 보면 시인은 타자에 대한 연민과 어떤 연대성을 띠는 것에 이어서, 행동을 동일화한다. 시인이 움직이면 타자도 움직이고, 한 곳으로 가면 타자도 한 동선으로 움직인다. 결국 시인은 아직까지 상실된 대상을 포기하지 않고 그들의 죽음을 자신의 책임으로 돌리고 있는 것이다.

이 외에도 시인은 혼자서 투병중인 아버지의 고통과 대면한다. 시인의 그늘은 대상의 결핍과 관계가 있다. 결핍은 자기 생명을 돌봐 줄 외부의 도움이 시인에게 충족되지 않아 발생하며 이는 아버지에 대한 더 큰 욕망을 낳는다. 유아의 생명을 향상시켜주던 아버지가 병중에 놓여 있기 때문에 시인은 자신의 욕망을 충족시킬 수가 없었다. 왜냐하면 어린 시절의 아이는 자신의 생명력을 유지시키기 위해 '언어'로 아버지를 요청을 해야 하는데, 말이 의미화되기 이전이라서 아이에게 무한정의 사랑을 충족시켜줄 말의 수신 자리가 공백기로 있었기 때문이다. 따라서 욕망은 '말에 기록된 결핍'이다. 시인의 정신 속에서 아버지에 대한 결핍은 "서릿발이 움트는 흰 목련"으로 남아 있고, "목울대를 넘기지 못한 잔기침"하는 대상으로 남아 있다. 여기서 '흰 목련'과 '잔기침'의 비유는 차이성을 낳지만 자유연상에 의해 '터지는' 것으로 동일시된다. 시인은 죽음에 대한 관심을 갖고 죽어가는 존재, 더 나아가 자신에게 던져진 존재에 대해서도 결핍을 느낀다. 정상적인 정신성을 가졌다면 혼자서 고독과 맞서 싸우다가 시간이 경과되면 독립된 주체로 일어서듯, 이경숙 시인 역시 시간 경과와 함께 상실된 존재에서 분리되어 홀로서기를 한다. 왜냐하면 시인은 현실에서 그리운 대상이 상실되었다는 것을 긴 시간 속에서 경험한 후 자신의 욕망을 그 대상과의 관계에서 벗어나 다른 대상에게로 부착하기 때문이다. 상실된 대상이 죽었거나, 병중에 있는 그리움의 대상에게 시인이 더 이상 마음을 부착할 수 없을 때, 시인은 그 대상에게 과잉 투사되었던 모든 기억과 회상을 제거해서 현재 대상에게로 옮긴다.

아래 시 「가면무도회」, 「목이 긴 행운목」에서 알 수 있듯 시인은 상실된 대상과의 부착 관계를 서서히 끝내고 자기에게 충일하거나 혹은 새로운 대상에게 마음을 부착시킨다. 아래 경우의 시들은 다른 차원으로 결핍된 대상에게 마음을 부착시킨다.

천장에는 부서진 별들이 반짝인다

홀 안에 별별 별이 모여있다 가면을 쓴 사람들이 술잔을 부딪치자
악단이 '무도회의 권유'를 연주한다
묵직한 첼로의 선율이 울린다
사자가 옆에 있는 흰 고양이에게 정중하게 허리를 굽히며 춤을 청한다
고양이가 한 발짝 물러서며 고음의 클라리넷 음색으로 춤을 거절하는데
사자는 다시 한번 손을 내밀고 고양이는 그 손을 다잡고
중앙 홀로 나간다

너구리, 호랑이들이 춤을 춘다
천천히 연주하던 선율은 경쾌하게 바뀌고

가면들은 흥겨운 몸짓으로 바닥을 훑는다
얼굴 뒤에 감추어진 영혼은 절정의 리듬을 탄다
희열과 슬픔이 교차하는 그들

"만족하셨나요"
"예"
첼로와 클라리넷의 가벼운 입말의 대화가 끝나기도 무섭게

"뭐야, 밥 다 타잖아!"

압력밥솥에선 탄내가 진동하고
된장찌개는 렌지를 넘어서 국물이 바닥으로 흥건하게 고였다

2막에서 늑대가 씨근덕거리고
샐쭉해진 여우는 행주를 찾느라 허둥지둥
'무도회의 권유'는 숟가락 박수 소리로 달그락거린다

– 「가면무도회」 전문

「가면무도회」는 잃어버린 시인의 자아를 '내입'을 통해 다른 대상으로 치환된다. 내입이란 쾌락원칙처럼 기분 좋고 행복한 어떤 특성들을 자기 자신과 동일시한다는 뜻이다. 이 시에서 기분 좋은 내입을 전제로 하는 시어는 '별'이다. 별은 '희망과 사랑'으로 가득 찬 동경의 대상인데, 영화라면 화려하고 웅성거리는 미장센이 될 수 있다. 사람들은 "서로 술잔을 부딪치고". 묵직한 선율이 흐르는 홀에서 '무도회의 권유' 음악이 흐른다. 배경을 흥성하게 띄워주는 것은 음악이다. 동물의 가면을 쓴 사람들이 분위기 있는 음색의 "첼로"와 "고음의 클라리넷 소리" 속에서 춤을 춘다. 사자는 흰 고양이에게 춤을 추자고 권한다. 고양이에게서 '사자'는 동경의 상징인 별이고, 시인에게 이 사자는 근원적 본질의

결핍 대상을 철회한 후에 새로운 대상을 얻는 좋은 기회가 된다. 가면을 쓴 영혼들은 음악에 맞춰 "절정의 리듬을 탄다" 시인 역시 춤을 통해 극희열에 휩싸인다. 이는 사랑과 그리움의 결핍 대상을 철회하고 다른 대상에게 마음을 부착하는 좋은 결과다. 이처럼 상실된 대상을 마음에서 놓아버린다는 건 자아 형성에 중요한 역할을 한다. 그러나 지금까지의 새로운 대상은 '가면' 속의 허구적 인물일 뿐, 제2막에서는 실질적으로 새로운 대상이 "뭐야, 밥 타잖아!"라고 외치는 부성이다. 시인이 현실 속에서의 실제/실재적인 삶에 충실할 수 있는 진정한 사랑을 찾은 것이다. 삶의 욕동인 '에로스' 대상으로서 부성은 종족을 번식시키고, 이 번식은 가족을 만들 수 있는 생명의 유일한 리비도다.

나무 기둥에서 뿌리내리면
쉼 없이 발길질하면서
싹을 틔워내지

튼실한 뿌리는 꽃도 피워낸다지

식솔을 끌고 금산으로 이주한
어미는 뭉치지 못한
모래무덤처럼 파도에 휩쓸려 갔지
허공에 허우적거리다 또 절룩거리고,

이빨을 들이대고 솟아오르는
물기둥을 의지하며
하루도 쉬는 날 없이 발돋움했지

잎들은 그늘을 만들고
칠년 만에 행운꽃을 피워냈지

벌과 나비를 불러들이며 향기도 뿜어냈지

먼 곳에서 번져온 인삼향이 행운 꽃 속에 녹아들어
옛집에는 벌 나비가 바글 바글거렸지

가족 모두 목을 길게 내밀고 함박웃음을 지었지

— 「목이 긴 행운목」 전문

시인은 가족의 개열성으로 '행운목'을 들고 있다. 시어에서 알 수 있듯 '행운목'은 집안의 상서로움을 불러오는 행운의 표상이다. "나무 기둥"은 나무 전체를 이끄는 '엄마'의 또 다른 이름이다. 부부는 결혼을 하고 성욕망을 통해 자식을 생산한다. 가족이라는 튼튼한 줄기는 싹을 틔우고, 꽃을 피우며 열매를 맺는다. 그 예로 시인은 자신의 가족사를 본보기로 들고 있다. "식솔을 끌고 금산으로 이주한 어머니"는 온 가족의 삶을 이끌어가는 수레다. 이러한 어머니의 허우적거리는 삶의 모습이 마치 "허물어지는 '물기둥' 같다. 여기서 시인은 어머니의 삶을 '물기둥'으로 비유하고 있다. '물기둥'은 한순간에 치솟았다가 허물어진다. 이런 속성 때문에 어머니는 "마른 피 한 방울까지 더 짜내"야 할 판국이다. (「산세베리아」) 어머니와 자녀들은 긴 고통의 시간을 통과한 후 마침내 '행운목꽃'을 피운다. '꽃이 핀다'는 것은 온 가족의 삶이 한껏 생명력을 피운다는 걸 의미한다. 흥성흥성한 생명력의 힘은 꽃 위로 '벌'과 '나비'가 날아드는 현상이다. '나비와 꽃', '벌과 꽃'의 짝짓기, 즉 '에로스'는 암컷과 수컷의 사랑이고, 파토스의 반대편에 있는 생리적 차원의 욕망이다. '에로스적' 욕망은 인간의 종족의 번식을 위한 성욕망이라고 할 수 있다. 삶의 흥성한 기氣가 가난 때문에 떠나온 옛집까지 번져 그곳에도 벌, 나비가 바글바글거린다. 이 시의 제목처럼 "목이 긴 행운목"은 어머니의 강인한 힘의 표상이고, 그 힘으로 기울어졌던 가족의 힘을 한곳으로 모으는 총체성을 보인다. 가족이 긴 고통의 시간을 통과하듯 행운목 역시 지난한 고통의 과정을 거쳐 한곳에서 꽃을 피운다. 이러한 인연 관계에 의한 가족공동체는 서로 분리되지 않고 소멸되지 않으며 한 묶음의 긴 연대를 보여주는 관계라고 할 수 있다.

인연 그리고 화엄의 바다

『목이 긴 행운목』 중에서 시인이 가장 중점을 두는 시편들은 '불교의 연기론에 천착한 인연 관계'이다. 연기법이란 무아론과 일맥상통한다. 붓다가 지적했듯이 무아론이란 "상주론과 단멸론이라는 양극단의 '중도'로 간주된다." 중도는 이곳이든 저곳이든 어느 한쪽에 편승하지 않고 중심에서 사물, 대상, 타인 모두를 바라보고 서로 관계를 맺는 진실의 도리이다. 이처럼 인연은 세상의 만물과 그것들이 서로 연결되어 존재하는 관계, 각각의 사물들이 촘촘하게 그물망처럼 존재하는 관계이다. 이 인과설을 인간 중심사고로 볼 때, 시인은 시를 통해 도덕적 책임을 다하고 있다. 실제, 이러한 이유로 시인은 불교적 색채가 짙은 중도 진리의 시를 쓰고 있다. 중도적 시는 한 성향에 편승하지 않고 객관성을 띤다. (「손바닥 경전」, 「나비 한 쌍」, 「선운사」) 시인은 사물을 볼 때 자신의 주관성에 치우치지 않고 즐거운 것, 괴로운 것을 다 느끼면서 시를 쓰고 있다. 이외에도 시인은 자연과 나의 관계, 무기체와 유기체의 관계, 이러한 관계를 인연으로 보기 때문에 시에서 '필연성'은 꼭 필요하다. 왜냐하면 인연이란 시적 세계가 변화하는 과정이고, 또한 삼라만상이 다 인연에 얽히어 있기 때문에 시인은 타자의 고통까지도 다 싸안고 싶은 윤리적 사회성을 지니고 있기 때문이다.

다음으로 시인은 모든 사물에 연기에 의한 인연 관계가 있다고 보고 있다. 여기에는 시인이 이것과 저것을 연결시켜 세계의 불성이 정신, 신체적 의식으로 결합하는 과정을 보여주고 있다.

지인이 동영상을 보내왔다

검은 고양이가 새를 만지고 핥아주는데, 새는
싫은 내색 없이 고양이의 애무를 받아준다
강아지와 오리, 닭이 술래잡기를 하고
고양이가 노란 병아리를 품에 안는다
제 몸의 온기로 채워주자 병아리는
어미의 품속인 양,

개에게도 불성이 있는지,
조주스님께 물었다

자연계의 모든 미물은
이심전심이 아니던가?

붓다는 일체중생이 실유불성이라 했거늘,

인드라망 그물코에 걸린 구슬이 빛을 쏘아 보내고
그 빛이 다시 다른 그물코 구슬에 비추어 빛을 되쏘아
보내는 화엄의 바다

– 「손바닥 경전」 일부분

시인은 연기의 인과관계에 천착해서 시의 그물을 짜고 있다. 세계에 놓여 있는 모든 사물과 생물은 현재의 경험을 중심으로 서로 연결되어 있는 관계다. 인과 발생의 경험들은 존재의 현재 위에 기초해 개별 사물이나 인간의 인연을 얽어 놓는데, 그 이유는 인과관계에서 기억이란 왜곡될 수 있고, 미래는 아직 도래하지 않았기 때문이다. 이에 시인은 현재의 경험을 중시할 수밖에 없다. 시인은 붓다의 여래성에 따라 "일체중생이 실유불성"이라고 말한다. 즉 모든 사람들은 다 부처의 불성을 지니고 있다는 뜻이다. 이 시에서처럼 세계 만물은 유기체와 물리적 현상 관계, 즉 종과 유에 상관없이 모두가 서로에게 이타심을 보여주고 있다. "검은 고양이가 새를 핥아주는" 것과 "강아지와 오리, 닭이 술래잡기"를 하는 것, "고양이가 노란 병아리를 품어 안고" 있는 현상처럼 이들은 서로 불가분의 관계에 놓여 있다. 하지만 시인은 연기론의 인과관계가 세계의 모든 현상에 다 해당되지 않는다고 보았다. 이런 궁금증의 질문은"개의 불성"에 대한 유. 무로 나타난다. 실제로 실체론학파는 시인이 생각하는 것처럼 물리적 원리인 인과관계를 외부성으로만 보고 있다. 거기에 관한 서적을 탐독한 시인은 그들의 이론에 동조할 수도 있다. 하지만 스님의 일깨움의 결과 시인은 인연 관계를 "인드라망 그물코에 걸린 구슬이 빛을 쏘아 보내고 그 빛이 다른 그물코 구슬에 비추어 빛을 보낸다"라는 것으로 인식하게 되었다. 이는 세계의 대상과 사물의 현상이 모두 하나로 상호 관련되어 있음을 말한다. 우리는 이를 보며 모든 현상과 인간의 심리 과정을 '화엄경의 바다'라고 표현한다.

시인은 시에서 붓다의 연기와 연기법의 제약에 관한 현상을 '생기'와 '소멸 의식'으로 보고 있다.

너에게로 가기엔
너무 멀고, 외로워
나는 괜스레
불덩이 가슴을 녹차로 다독인다

그때,
금성 하나 내려와
누르스름한 꽃송이 위로 별빛을 뿌린다

침묵을 깨고 풀벌레들이 노래하는 밤이다

– 「여름밤 수국은」 일부분

화르락
간밤, 비 맞은 화설을 빗질하는 소리
삼백 년 벚나무가
보듬어 안고 있던 꽃잎들을 털어낸다

이승의 짧은 사랑의 줄을 잇는 나비 한 쌍이
양팔을 흔들며 노닐고 있다
동영상을 찍어 그에게 보낸다

한동안 사이가 뜨악했던 그와 나

우리는 그새 나비되어 가벼이
탑 위로 날아간다

– 「나비 한 쌍」 일부분

인간은 사물을 지각한다. 지각은 인간 몸이 수동적이라는 것을 뜻한다. 인간 존재가 무엇을 느끼고 만지고 하나가 되는 것은 내가 아닌 타인이 있기 때문이다. 이는 시인에게 상대성과 수동성이 있어서 사물의 지각이 가능하다. 가능이 곧 지각이다. 그런데 지각한다는 것은 우리들 눈에 현상과 곧바로 연결되는 걸 말한다. 예컨대 “너에게로 가기엔 너무 멀고”라고 하는 것에서 ‘너’란 상대성을 말하는 것이고, ‘너무 멀다’라고 하는 것은 주체와 상대의 시·공간 거리가 외부성을 느끼지 못한다는 것이다. 그 결과 시인은 마음이 “외로워, 불덩이 가슴을 녹이기 위해 녹차로” 자신을 다독인다. 환언하면 시인은, 지각하는 존재가 가까이에 있지 않고 보이지 않기 때문에 ‘무상’을 느낀다. 무상은 대상과 시인의 만남이 제약되어 있어, 현재 생기 관계에 놓여 있지 않다는 뜻이다. 이런 무상은 한순간에 이루어진 것이 아니고, 오랜 인연에 의해서 변화된 것이다. 존재의 변화란 생기하고 소멸하며 마침내 노쇠해서 죽는다. ‘너’와 ‘나’의 관계가 소멸 과정에 놓여 있을 때 “금성”이 내려와 “누르스름한 꽃송이에 빛을 뿌리”듯, 시인에게 금성은 ‘지고의 존재’다. 이 존재가 “누르스름한 꽃 위로 빛”을 뿌린다고 할 때, ‘누르스름한 꽃’은 시의 상징에서 주로 ‘나이 든 여인’을 일컫는다. 아마도 이 시에서 시인은 자신을 ‘누르스름한 꽃’의 동일성으로 지목한 것 같다. 이처럼 인연 관계로 볼 때 시인이 빛을 자각한다는 것은 상대성이 있다는 뜻이다. 그 상대성이 ‘지고의 존재’ 인 불성이다. 그렇기에 「여름밤 수국은」 은 연기법의 제약에서 벗어나 연기론의 인연 관계에 놓여 있다,

그렇다면 「나비 한 쌍」 은 인간 존재 간의 소멸에서 다시 생기를 되찾게 되는 인연 관계라고 할 수 있다. 시인은 “짧은 사랑의 줄을 잇는 한 쌍의 나비”를 보고 소멸 관계에 놓여 있던 존재에게 동영상을 보낸다. (「손바닥 경전」)에서 소멸관계의 대상이 먼저 보내온 동영상에 화답한 영상이다.) 거기에는 나비 한 쌍이 양팔을 벌리고 노는 모습이 담겨 있다. 동영상을 받은 타자는

소멸되어가던 마음에 생기가 돌고, 시인 역시 (「손바닥 경전」) 에서 그가 보내온 동영상을 보고는 생기가 돈다. 이제 둘은 그 사랑의 화해로 '탑 위로 날아가는' 한 쌍의 나비 형상을 하고 있다. 서로가 갈등상태에 놓여 있을 때는 모든 것이 불만족스럽다. 하지만 둘이 사랑의 과정에 놓여 있을 때는 다시 생기 상태에 놓이게 된다. 인간 존재란 이처럼 세속적인 욕망에 지배당하지 않을 수 없다. 삶의 욕망, 행복에의 욕망, 고통에서 벗어나고 싶은 욕망, 이런 일부의 욕망이 현재를 살아가는 세속적인 인간의 인생론을 결정짓는다.

하지만 시인은 불교 종교관이 신실하기에 지각과 현상에 오래 머물러 있지 않고, 세속에서 벗어나 영원불변의 자아를 얻기 위해 초월성으로 나아가고자 한다. 그것이 「가문비나무」이다.

해발 3000미터 로키산맥
한여름에도 만년설이 깔려있고
거칠게 불어대는 눈보라에 눈이 멀 것 같아
눈 감고 입 닫는다
겨우 목을 축이고 생장을 멈춘 지 이미 오래전
매서운 바람에 등은 굽고
가슴과 무릎이 맞닿은 채로
꿇어앉은 나무는 수도사다

잡념을 떨치고 수행에 힘쓰는 그는
오직 땅을 굽어보며 안으로 숨을 들이쉰다
오묘한 생각으로 떠오르는 빛을 별처럼 펼쳐놓고
몸을 단단히 조여 나이테로 쟁여놓는다

부르르 떨리는 손으로 힘찬 법문을 시작하는
불가의 노래

정진하며 살아가는 수도사의 고단한 삶을
그는 침묵의 눈빛으로 엮어낸다
풀어내듯이 전생을 하나씩, 하나씩

접혀진 무릎, 단단하게 박고
예불, 예불 그가 춤추는 천수다라니 바라춤
설산에 울리는 범패소리
꽃비가 어지럽게 흩날린다

– 「가문비나무」 전문

「가문비나무」에서 나무는 일상적인 육체에 매여 있는 존재가 아닌, 불성을 지닌 성스러운 존재라는 사실을 잘 보여주고 있는 시다. 일상적인 몸으로는 나무가 '해발 3000미터'에서 성장하지 못한다. 또한 '만년설'이 깔린 지역에서 숨 쉴 수도 없다. 그러한 모습이 나무의 공간적 신비성인 불성을 잘 보여주는 예이다. 만약 그런 불성을 가진 존재가 아니라면 나무는 "거칠게 부는 눈보라에", "목을 축이고 생장을 멈춘 지 이미 오래전"의 모습을 취할 수 없다. 더욱이 가문비나무는 "가슴과 무릎이 맞닿은 채로 꿇어앉아" 있을 수도 없다. 왜냐하면 가문비나무는 고귀하고 초감각적인 형이상학적 실체를 지닌 존재로 거듭나고자 하기 때문이다. 시인은 이러한 가문비나무를 '수도사'로 치환시킨다. 상징계의 범상한 존재가 아닌 존재는 상징계의 구멍인 욕망을 초월하려는 존재이다. 만약 수도사가 비범한 존재라면 가문비나무 역시 세속적 욕망에서 벗어난 초월적 존재로 나가고자 한다. 나무가 자신의 욕망을 '비운'다는 것은 "땅을 굽어보며/ 안으로 숨을 들이쉬는" 육체적 욕망에서 벗어나고, "오묘한 생각으로 빛을 펼쳐놓고/ 몸을 단단히 조여 나이테를 쟁여놓게" 된다. 이 비움은 정신적 욕망에서 벗어나기 위해 몸과 영성을 다하는 수행의 한 방법이다.

이러한 수행을 거친 가문비나무의 불성은 하늘과 땅에서 나오는 기의 충만함으로 진리의 깨달음을 얻는다. 이 시에서 하늘의 기와 땅의 기는 '자아와 물질'의 충만함으로 나타나고, 두 기가 합해졌을 때 가문비나무는 '법문'을 닦게 되며 불가의 노래를 부르게 되는 것이다. 존재가 초월적 자아를 얻는 과정은 그냥 얻어지는 게 아니며, 전생의 삶을 실오라기 풀 듯하고, '예불 예불' 천수다라니 바라춤을 추면서 '침묵의 눈빛'으로 수행하게 된다. 그랬을 때만이 나무에게 초월적 자아로 가는 길이 어느 정도 가능할 것이다. 따라서 초월적 수행은 뼈를 깎는 노력과 참을 수 없는 인내로 해탈에 이르게 되는 과정이다.

물질적 사고와 생태시학

세속에 발을 담그고 사는 시인은 수도사의 수행 과정을 넘어설 수 없다. 시인은 생태 시학을 통해 인간 무지에 대한 도덕적 책임을 수행으로 대신한다. 현재의 자연은 원래 그대로의 모습을 보여주지 않는다. 인간이 환경을 파괴하면서 산업화와 과학기술의 가속화를 일삼아 왔기 때문이다. 그 결과 인간은 방사능 오염과 오·폐수 그리고 폐기물 때문에 죽음을 초래하고 있다. 또한, 환경오염물질은 인간에게 정서적으로 불구의 몸을 재생산한다. 세계는 종과 유를 막론하고 서로 상관관계를 맺고 있다. 그 점에서 시인은 독자적인 환경운동으로 생태계를 복원시킬 수 없다고 한다. 이 테크노피아 시대에 인간이 윤택한 생활과 욕망만 버린다면,

오늘날 코로나바이러스 감염증 같은 역병이 돌지 않았을 것이고 자연이 그대로의 모습으로 회복할 수 있을 것이다. 하지만 자연의 생명력을 복구하는 것은 순조롭지 않다. 자연은 자체에 내재한 작용에 따라 천천히 진행되는 속성을 잘 유지할 때 원래의 모습으로 복원될 수 있다. 이를테면 자연은 누구의 간섭도 받지 않고, 일직선으로 나갈 수 있는 힘을 지니고 있다. 베르그송에 의하면 "자연은 고매하고 정직하며 영속적인 가치를 가진 생명이라는 개념을 진지하게 다루는" 것이라고 한다. 시인이 시에서 제기한 생태 시학의 문제도 이와 비슷하다. 인간의 탐욕이 불러일으킨 산업화와 과학기술 문명은 인류를 가장 큰 죄악 중 죄악으로 물들어가게 한다. 시인은 바다 생태계를 파괴하는 오염물질을 보고 인간의 무지가 미래 인간의 생명을 크게 위협할 것이라고 진단한다.

저녁마다
남자의 손에는
참치회를 담은 비닐봉지가 들려졌다
임신한 아내가
보채듯 전화해서
남자의 주머니는 점점 얇아졌다

아기는 물고기처럼 등에 지느러미를 붙인 채
눈만 꺼벅이며 울음을 터뜨렸다
바다야, 여긴 바다야
가시에 찔린 지느러미,
아이는 비명을 지른다
여자의 몸에도
남자의 몸에도

지느러미가 생겼고
밤은 시퍼런 등줄기를 세우며
한밤까지 철썩거렸다

모질게 산다는 건
모래를 갈아먹고
쓴 해초를 찧어먹는 일이라서
일가족은 바다를 살피려고
바닷속으로 걸어 들어갔다

이후
밤은
파도를 불러들이지 않았다

– 「미나마타[水保炳]」 전문

일본의 미나마타현 화학공장에서 나오는 폐수로 인해 고양이가 발작을 하며 바다에 뛰어들었다 최후의 자연은 수 백, 수 천 년을 미리 당겨서 운다 우리가 즐겨먹는 생선에 수은이 포함되어 있다. 생선을 일주일 내내 먹으면 수은중독에 걸릴 수도 있다는 이야기는 시실이다 수은중독에 걸리면 신경계통에 이상이 생긴다 임산부가 이를 즐겨 먹을 때 태아는 우리가 모르는 사이에 수은중독에 걸릴 수도 있다. 공포다 가족이 한 고리로, 이웃과 사회는 인드라망에 서로 비추고 영향을 주고받는 우주의 한 공간에서 숨을 쉰다 혹처럼 지느러미가 달린 아기가 태어날 수도, 가시에 찔려 울음을 멈추지 못하는 아기가 태어날 수도 있다.

– 「논픽션 르포」 일부분

인간은 오염된 자연에 대해 새로운 패러다임을 설정해야 한다. 자연이란 한번 파괴되면 회복하는데 30년에서 최장기 2만 4천년이 걸린다. 각국마다 과학자들은 과학기술의 빛나는 업적을 중요시해서 기계부품을 생산하는데, 이 부품들은 주변국을 정복하거나 생활수준을 높이기 위한 방편으로 이용된다. 만약, 산업 폐기물에 의해 자연이 파괴되는 경우 수거작업은 하루아침에 이루어질 수 없다. 이 산업폐기물은 인근 바다와 강, 화천을 황폐화시키고 많은 사람들을 질병과 죽음에 이르게 된다. 시인의 「논픽션르포」 처럼 인드라망의 세계는 인간의 단독성이 아니라, 인류공동체의 연계이다. 그러므로 산업 폐기물에 의한 오염은 한 국가가 아닌, 전 인류가 공동으로 대처해야 하는 과제이다.

시인은 「미나마타[水保炳]」를 통해 과학기술과 산업화의 문제점에 대해 경고하고 있다. 이 세계는 오·폐수의 대량방출로 바다가 오염되었고, 시인은 병들어가는 임산부를 대비시켜 생태시학을 부각시키고 있다. 생명을 잉태한 임산부는 수은 중독에 의해 기형아를 출산한다. 이 「미나마타[水保炳]」의 특징은, 아이가 "등에 지느러미를 붙이고" 태어나고, "가시에 찔려 울음을 멈출" 수없이 운다는 점이다. 이뿐만 아니라, 남편과 산모의 몸에도 지느러미가 생긴다. '지느러미'는 수은 중독의 한 증상인 혹의 동일성이다. 이처럼 인류가 먼 시공간에 있어도 물질문명이 가속화된 세계에서는 불가분의 관계에 놓이게 된다. 가족공동체라면 이 병에 걸리는 건 말할 것도 없다. 이들은 '미나마타'를 고치기 위해 "모래를 갈아먹고/ 해초를 찧어"먹는다. 그래도 수은 중독증은 낫지 않고, 결국 가족은 병의 고통에 무력한 몸이 되어 바닷속으로 들어간다. '수은 중독'은, 인간이 자연을 파괴하고 파헤친 결과에서 오는 죽음의 병이다. 과학기술이 이룩해놓은 무한한 진보가 결국 인류를 죽음에 이르게 하는 위험한 파괴라는 것이다. 자연은 한번 파괴되면 회복이 쉽지 않다. 그런 점에서 아래 「고사를 지내는 동안」 은 자연을 파괴하는 한 인간의 아이러니한 행위에 대해 시인은 서슴없이 비판을 가하고 있다.

웃고 있는 돼지머리를 찾는다는 전단지의 질은 얇다 A반도체 하와이 공장 기공식 고사에 쓰려고 담당자는 웃고 있는 돼지머리를 구한다는 광고를 낸다 아프리카돼지열병으로 수천수만 마리의 돼지들이 생매장을 당하고 살처분 당한 이 마당에 회사 사장님이 허파에 바람이 들었거나 실성하지 않고서야 어찌 웃는 돼지를 찾는가

원주민은 돼지 입꼬리를 살짝 올리는 보정작업을 한다 과일이 풍성한 상 한가운데 떡 버티고 앉아있는 돼지의 입에는 천만 원짜리 수표가 물려 있다 원주민은 빛의 신 축산의 신 카네를 불러오고 르노*를 찬양하면서 발을 구르며 빨라지는 북소리에 흥겹게 춤을 춘다

제상 위 A반도체 광고 화면에서는 무인 자동차가 달리고 로봇이 커피를 내리며 드론이 가방을 배송하는 장면이 어지럽게 움직인다 미래가 날아오든 말든, 천만 원을 입에 문 돼지는 입이 귀에 걸리도록 활짝 웃는다 시대를 역주행한 드론이 돼지를 태워 멀리 날아간다

— 「고사를 지내는 동안」 전문

이 시는 첨단의 산업화 기술력 속에서도 미신을 믿는 대상의 야만적 태도를 아이러니 형식으로 보여주고 있는 작품이다. 21세기 글로벌화된 기업은 우수한 제품과 우수한 인력 수급에 대한 노동 생산성 때문에 국내에서 국외로 기업을 확장시켜나간다. 그 과정에서 자행된 자연에 대한 폭력성과 가학성은 황금만능과 물질주의에 대한 식민 지배라는 직접성과 연관이 있다. 기업주인 대상은 '아프리카돼지열병'으로 돼지들이 생매장당하고, 살처분당하는 상황임에도 고통과 연민의 감정을 느끼기는커녕 반도체 회사를 착공하기 위해 '웃는 돼지머리'를 제상에 올리는 경악스러운 장면을 보여주고 있다. 이 과정에서 주목해야 할 점은 이 대상의 의식에는 황금만능주의가 팽배해 있어, 동물 애호나 동물

존중 정서는 전혀 찾아볼 수 없다는 것이다. 오히려 "돼지 입꼬리를 올리는 보정작업"을 해서 돼지 입에 "천만 원짜리 수표"를 받는 일을 자행하고 있다. 전 세계적으로 물질주의적 사고와 황금만능주의가 체질화된 현대사회 속에서 인류는 진정한 삶의 '가치(value)'를 어디에 두고 있는지 시인은 이 시를 통해 질문을 던지고 있다. 그 예가 "원주민은 빛의 신, 축산의 신, 카네를 불러오고 르노를 찬양하면서 빨라지는 북소리에 흥겹게 춤을 춘다"라고 하는 시행이다. 황금만능주의와 연결된 원주민의 신을 찬양하는 행위는 자연 질서의 흐름에서 벗어나 돈의 가치를 최우선에 두고 있다.

더욱이 3연에 오면, 대상은 미래 첨단산업화 속에서 과거지향적인 행위로 인해 동물의 생명을 빼앗고 있다. 다시 말해서 반도체 산업의 기업주는 최첨단 과학 기술주의의 대표성을 띠면서도 정신적인 면에서는 원시적 야만성에 기대고 있다. 시대에 역행하는 대상의 아이러니한 행태에 대해 시인은 "죽은 돼지가 입이 귀에 걸리도록 웃는" 모습을 희화화하고 있다. 그럼으로써 시인은 "인간 같은데 인간이 아닌 것 같은" 비인간적인 행위를 비판하고 있다. 돈의 가치를 최우선에 두는 인간은 지구에서의 다양한 공생관계를 저해한다는 점에서 자연의 적으로 간주된다. 따라서 야만성을 지닌 인간은 종과 유의 위계질서에서 동물 아래에 위치하는 존재라고 할 수 있다.

지금까지 여러 시편들을 살펴보면서, 이경숙 시인의 내면에는 내재된 말이 많아 보인다. 시인이 말을 토해내는 걸 우리는 '쓴다'라고 한다. '쓴다'는 것에는 자신의 그늘에서 건져올린 상실의 언어를 해제해버리는 작업이 있고, 또는 자신과 세계인을 미래 지평으로 이끌어내는 작업도 있다. 전자와 후자 다 화엄의 바다로 이끌고 싶은 마음이 이경숙 시인의 시정신이자, 세계관이다. 그럼에도 한 곳에만 발을 담그지 않고 그녀는 자신의 속물근성(「속물근성」)을 성찰하고, 죽은 이들을 애도하는 마음과 고통받는 이들까지 책임을 지고자 하는 사회적 윤리성을 갖고 있다. 자꾸만 잃어가는 자신의 마음을 지우지 않기 위해 가릉빈가의 노래를 상상하면서 마야부인의 품을 찾는다.(「선운사」) 그녀는 사회의 물렁물렁한 것에 칼날을 대고(「엇박자」), 한 걸음 더 나아가 타인과 손을 맞잡고 "막걸릿잔을"(「막걸리」) 기울이는 후덕한 마음씨를 가지고 있다. 이경숙 시인처럼 시인이 시를 '쓴다'는 것은 동사보다도 형용사로 써야 할 것이다.

불교문예시인선 • 033

목이 긴 행운목

초판 1쇄 인쇄 | 2020년 05월 26일
초판 1쇄 발행 | 2020년 06월 06일

지은이 | 이경숙
펴낸이 | 문병구
편집인 | 이석정
편　집 | 고미숙
디자인 | 쏠트라인saltline
펴낸곳 | 불교문예출판부

등록번호 | 제312-2005-000016호(2005년 6월 27일)
주　　소 | 03656 서울시 서대문구 가좌로 2길 50
전화번호 | 02) 308-9520
전자우편 | bulmoonye@hanmail.net

ISBN : 978-89-97276-45-5(03810)
값 : 10,000원

이 도서의 국립중앙도서관 출판예정도서목록(CIP)은 서지정보유통지원시스템 홈페이지(http://seoji.nl.go.kr)와 국가자료공동목록시스템(http://www.nl.go.kr/kolisnet)에서 이용하실 수 있습니다. (CIP제어번호 : CIP2020020970)

*** 이 책은 성남시청에서 지원금을 받아 출간하였습니다.**